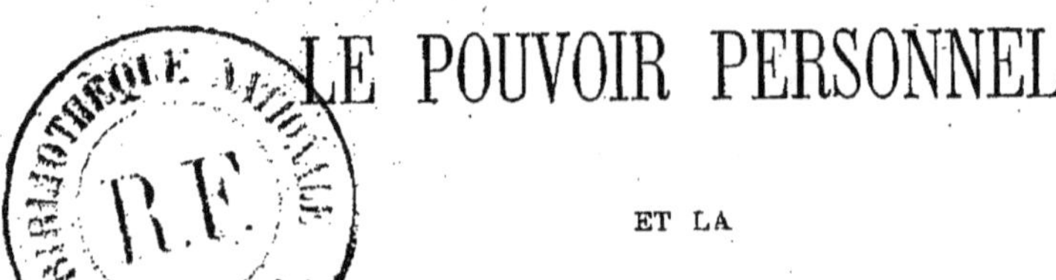

LE POUVOIR PERSONNEL

ET LA

SITUATION FINANCIÈRE

AU SÉNÉGAL

PAR

M. Albert TEISSEIRE

NÉGOCIANT.

BORDEAUX

IMPRIMERIE G. GOUNOUILHOU

11, RUE GUIRAUDE, 11

—

1878

LE POUVOIR PERSONNEL

ET

LA SITUATION FINANCIÈRE

AU SÉNÉGAL

Il y a un peu moins de huit ans — c'était aux derniers temps de l'Empire — exposant dans la *Gironde* l'organisation de notre colonie du Sénégal, telle que l'avait établie l'ordonnance de 1840, et qu'un décret l'avait modifiée au lendemain du coup d'État, nous avons esquissé, à grands traits, les réformes que nécessitait un système politique d'un autre âge, également condamné par l'équité et le progrès des temps, et placé au premier rang des garanties que réclamait la population, l'institution d'un conseil général élu, ayant pour attribution principale de voter le budget des recettes et des dépenses locales.

« Affranchir le Sénégal du système militaire qui
» l'accable, le soustraire à une administration auto-
» ritaire et sans contrôle, le sortir, en un mot, de
» ce régime d'exception auquel il a été voué jusqu'ici,
» tel est, disions-nous alors, le but auquel doivent
» tendre tous nos efforts. »

Tel est celui que nous poursuivons encore aujour-
d'hui, car si dans la métropole un gouvernement
réparateur a remplacé celui qui s'est effondré si
ignominieusement à Sedan, pour nous, la situation
est demeurée ce qu'elle était alors, et on peut dire
qu'au Sénégal l'Empire est resté debout.

Aujourd'hui, comme alors, le gouverneur est
investi d'un pouvoir plus absolu que ne le fut celui
de Napoléon III lui-même, à aucun moment de son
règne.

Aujourd'hui comme alors, la fortune, la liberté
des habitants sont à la merci d'un homme qui peut
quand les circonstances l'exigent, c'est-à-dire par
mesure de salut public, sans jugement, et, par
conséquent, si tel est son bon plaisir, prononcer
l'expulsion de la colonie, pendant deux ans, de toute
personne dont la présence serait *estimée dangereuse!*
(Article 54 de l'ordonnance de 1840, actuellement
en vigueur.)

Aujourd'hui, comme alors, la colonie est privée
de cette représentation au Parlement que la République de 1848 lui avait octroyée, que le gouvernement de la Défense nationale lui avait restituée, et

que lui a ravie, pour la seconde fois, une Assemblée *élue dans un jour de malheur.*

Aujourd'hui, comme alors, elle est contrainte de courber la tête sous les vexations de toute nature, les abus d'autorité, les excès de pouvoir qui peuvent se produire, faute d'un moyen direct et suffisamment prompt pour être efficace, pour en signaler l'existence et en obtenir la réparation ou la répression.

Aujourd'hui, comme alors, elle est privée, cette population si sage, cependant, si fermement attachée à la France, jusque du droit de parler : car à quoi bon parler, si l'on n'est certain de forcer l'attention ; et comment la forcer en toute occasion, sûrement, quand on n'a pas toujours la tribune pour dire tout haut ce qu'on refuserait d'écouter tout bas, pour exposer ses griefs, dire ses vœux, ses besoins, ses aspirations?

Aujourd'hui, enfin, comme sous l'Empire, c'est au gouverneur qu'appartient le dernier mot dans la fixation des recettes et des dépenses locales, et un décret impérial, de janvier 1867, lui accorde, en outre, le droit de frapper et faire recouvrer, immédiatement, sauf approbation du ministre de la marine, telles taxes nouvelles dont la création serait jugée utile.

Sans doute, pour la confection du budget, le gouverneur est assisté d'un conseil d'administration ; mais il suffira d'indiquer que ce conseil est composé de quelques chefs de service, *subordonnés directs* du gouverneur, de deux habitants notables *nommés par lui* et de deux délégués des conseils municipaux de Saint-Louis et de Gorée, pour faire apprécier, au point de vue des garanties qu'y peuvent rencontrer les contribuables, la portée et la valeur de cette institution. Et comme si ce n'était assez des éléments mêmes dont il est formé pour assurer, en tout état de cause, la prépondérance au sein du conseil, de la volonté du gouverneur, l'article 110 de l'ordonnance précitée prend soin de stipuler en propres termes *qu'en aucun cas le gouverneur n'est tenu de se conformer à l'avis du conseil.*

A prendre, en résumé, les choses telles qu'elles existent aujourd'hui, et en tenant pour ce qu'elle vaut, cette superfétation qu'on appelle les municipalités de Saint-Louis et de Gorée, dont le besoin ne se faisait nullement sentir et dont la création n'a eu d'autre résultat que d'augmenter les charges de la population sans profit appréciable, nous retrouvons le Sénégal, huit ans après l'établissement de la République, gémissant sous le même joug qu'elle avait subi pendant vingt années d'Empire : sans représentant au Parlement de la métropole, sans conseil général élu, en tout, comme alors, livré au pouvoir discrétionnaire des gouverneurs.....

Cette situation est-elle logique, est-elle juste, est-elle tolérable?

Qui l'oserait prétendre? Qui oserait soutenir qu'à l'heure où la France recueillant le fruit de sa patience, de sa modération, de sa fermeté, jouit enfin de ce régime de *self government* qu'elle méritait si bien, il y a une utilité, un intérêt, un motif quelconque à maintenir cette autre terre de France, non moins laborieuse, non moins calme, non moins attachée aux idées d'ordre et de conservation dans un état de dépendance voisin de l'esclavage?

Or, ces institutions libres que nous réclamions alors au nom seul du droit et de la justice, la nécessité est là, impérieuse, qui les exige aujourd'hui.

Il faudrait être bien étranger aux choses du Sénégal, pour n'avoir pas été frappé des conséquences désastreuses dont le menacent à bref délai, s'il n'y est mis bon ordre, les agissements, les entraînements inévitables d'un pouvoir sans limites.

La situation financière de notre établissement est depuis plusieurs années, en effet, l'objet des justes préoccupations de tous ceux qui, à des titres divers, suivent le mouvement de la colonie et s'intéressent à sa prospérité.

C'est dire qu'elle a fixé d'une manière spéciale l'attention du commerce local et de la population, sur qui elle pèse lourdement.

On ne s'étonnera donc pas de nous entendre exprimer ici le sentiment de légitime inquiétude que leur inspire la voie dans laquelle le Sénégal est engagé, et, devant le degré de gravité que cette situation a atteint aujourd'hui, jeter un cri d'alarme qui sera certainement entendu.

Sans nous arrêter à faire ressortir les conséquences évidentes que doit entraîner, pour le pays, une augmentation constante et progressive de ses charges, alors que sa production demeure à peu près invariablement la même, il nous suffira de prouver que tel est le cas de la colonie qui nous occupe, pour établir du même coup, et *ipso facto,* que c'est à cette déplorable situation économique qu'il faut attribuer, pour la plus grande part, le malaise profond dont souffrent toutes les classes de la population et qu'il incombe étroitement au gouvernement de la République d'appliquer enfin au Sénégal ce principe de vulgaire équité admis partout sans conteste, qui veut que la fortune publique ne puisse être livrée à l'arbitraire administratif et fait du droit de voter l'impôt et d'en régler l'emploi par des mandataires élus, la prérogative la plus élémentaire comme la plus inviolable des peuples civilisés.

L'examen des deux documents statistiques qui accompagnent cette étude et fournissent les éléments de notre démonstration révèle, tout d'abord — et cette constatation impressionnera étrangement le lecteur — que c'est de l'année *du retrait de la subvention métropolitaine* que date précisément, pour la colonie, l'ère des gros budgets.

Les recettes diminuant, surtout dans une si large mesure, il semblait naturel de réduire les dépenses : on les augmente. Voilà la logique de l'arbitraire.

— Et d'accroissement en accroissement, le budget local, qui, en 1868, ne s'élevait qu'à la somme de 1,143,500 fr. — avec une subvention de 400,000 fr. — atteint, en 1877, par une progression constante depuis six années, le chiffre de 1,714,000 francs — la subvention supprimée !

Mais, dira-t-on, cette marche ascendante des budgets coïncide, sans doute, avec un développement parallèle de la richesse du pays, et, dès lors, s'explique et se justifie d'elle-même.

Il n'en est rien.

La production de notre colonie, soumise comme toute production naturelle à des alternatives d'abondance et de disette, demeure, somme toute, stationnaire. — C'est ainsi qu'après deux années, deux seulement de grande récolte — et encore l'augmentation n'a-t-elle porté que sur les seules graines oléagineuses, les récoltes correspondantes de gommes accusant précisément les chiffres les plus faibles de la période décennale — c'est ainsi, disons-nous, que l'année 1876, la dernière sur laquelle nous possédions des données authentiques, accuse *une production générale,* et de gommes et d'arachides, *inférieure* à celle de 1868.

De telle sorte, qu'en rapprochant la situation réelle du pays à ces deux époques, et en considérant que le chiffre du budget 1868 ne laissait, la subvention métropolitaine déduite, *que 843,500 francs à la charge des contribuables sénégalais,* alors que les 1,714,000 francs de 1877 *sont intégralement prélevés sur eux,* aucun subside ne venant plus en alléger le fardeau, nous arrivons à cette conclusion, que la colonie supporte une augmentation *effective* de 971,000 francs. En d'autres termes, la population payait, en 1877, sous toutes les formes, plus du double — 130 pour cent en proportion exacte — de ce qu'elle payait dix ans auparavant, la production du pays demeurant à peu près invariable.

C'est ici le lieu d'observer que l'élévation successive de 4 à 5 pour cent des droits de douane sur les graines exportées de Gorée et de ses dépendances, de 5 et même 10 pour cent sur certaines catégories de marchandises à leur introduction à Saint-Louis pas plus que l'établissement de toute une nouvelle série d'impôts : octroi de mer à Rufisque, taxes accessoires de navigation, droits de quai, de phare, etc., n'ont suffi à combler des déficits occasionnés par des dépenses immodérées, et, à partir de 1872, ce n'est que grâce au fonds de réserve — amassé, la chose est digne de remarque, pendant une période où les recettes étaient beaucoup plus restreintes que dans la suite — qu'on a pu obtenir l'équilibre des budgets.

Mais de prélèvements en prélèvements, chaque année plus considérables, on en est arrivé, en 1877, à épuiser cette précieuse caisse de réserve, qui avait été d'un si utile secours jusque-là.

Cette ressource suprême écartée, deux voies restaient encore en présence, comme à l'époque du retrait de la subvention métropolitaine : diminuer les dépenses ou créer de nouveaux impôts. Est-il besoin d'ajouter qu'il n'y eut pas plus d'hésitation la seconde fois que la première? On créa de nouveaux impôts.

Une note inscrite en marge du budget de 1877 en informa laconiquement le public, en indiquant que le prélèvement de 360,799 francs qu'on faisait à la caisse de réserve pour cet exercice était nécessaire *« en attendant la mise en vigueur d'un nouveau tarif douanier destiné à augmenter les recettes du budget local. »*

Et les actes suivant de près les paroles, l'année 1877 a vu naître en effet une nouvelle augmentation de droits de douane sur les toiles bleues dites *guinées,* qui forment la base des transactions commerciales au Sénégal, augmentation qui n'est pas moindre de 25 pour cent sur certaines sortes.

L'accroissement des dépenses établi, il est naturel de se demander et de rechercher quels fruits elles ont portés, quels bienfaits moraux ou matériels la colonie a retirés des nouvelles charges qui venaient peser si lourdement sur elle.

L'instruction publique, par exemple, ce *criterium*

si sûr de l'état d'avancement d'un peuple dans les voies du progrès et de la civilisation, l'instruction a-t-elle été répandue à flots? est-ce sa diffusion, l'érection de nouvelles maisons d'écoles, la rétribution des maîtres qui ont contribué, pour une part tout au moins, à grever le budget local?

Les travaux publics ont-ils reçu une impulsion nouvelle? Des améliorations importantes ont été poursuivies sans doute et réalisées; ce grand travail d'utilité générale, par exemple, qui préoccupe, à si juste titre, l'opinion au Sénégal et dont la réalisation transformerait les conditions d'existence à Saint-Louis, la conduite de l'eau douce au chef-lieu a-t-elle été accomplie ou simplement commencée?

L'instruction, hélas! faut-il avoir à le dire, est précisément le seul chapitre de dépenses dont le chiffre se soit amoindri, pendant que tous ceux relatifs à la solde des fonctionnaires et employés coloniaux s'élevaient dans une si effrayante mesure! Tandis, notamment, que le personnel de la police — et nous ne sachons pas qu'il y ait plus de malfaiteurs au Sénégal qu'en 1868 — coûtait à la colonie 65 pour cent de plus en 1877, celui des prisons 58 pour cent, c'est de 25 pour cent — d'un quart! — que se réduisait la somme affectée primitivement à l'instruction publique!

Le chapitre des travaux n'accuse lui-même qu'une augmentation de 225,000 fr. sur un écart budgétaire de plus de 700,000 fr., et la conduite de l'eau douce à Saint-Louis n'a été ni accomplie ni même commencée, quoique soit épuisé aujourd'hui — en dépenses courantes d'administration, entendez bien, — ce fonds de réserve amassé, dit-on, dans la pensée de doter la colonie de ce grand bienfait par de sages et prévoyants administrateurs.

Tels sont les faits. Ils parlent assez haut et suffiraient assurément à justifier à eux seuls les mesures de préservation que nous réclamons. Comment pourraient-elles donc nous être refusées quand nous aurons ajouté que si inquiétante que puisse paraître la situation révélée par l'exposé qui précède, elle menace, que dis-je, elle est sur le point de s'aggraver encore?

On prête, en effet, au gouvernement local de vastes projets dont la réalisation ne pourrait être poursuivie qu'à l'aide d'emprunts qui viendraient grever la colonie pendant une période de trente ou quarante années !

Il ne s'agirait de rien moins que de reprendre, après épuisement du fonds spécial que nous venons d'indiquer, cette grosse question de l'eau douce, dont la dépense est estimée à 1,700,000 fr., dit-on, par un ingénieur de Paris, consulté à cet égard, et qui se chargerait d'exécuter les travaux moyennant paiement de la moitié de la somme après leur complet achèvement, le solde par annuités.

Puis viendrait l'établissement d'un chemin de fer entre Saint-Louis et Dakar, l'affaire de quelques millions, 8 ou 10 peut-être, ruineuse fantaisie, utopie qui a déjà coûté au pays cependant une première somme de 10,000 francs inscrite au budget de 1877 pour frais d'études!... Et simultanément, enfin, la construction d'un phare à Saint-Louis et d'une cathédrale à Dakar, oui, à Dakar, petite bourgade de 1,556 habitants, musulmans pour les neuf dixièmes! d'une insalubrité notoire pendant les mois d'hivernage, d'un accès difficile aux caravanes qui apportent les produits de l'intérieur, partant sans commerce, et dont on persiste, malgré tous les obstacles naturels, malgré le vœu général, à vouloir faire la capitale de la colonie, en y transportant, l'un après l'autre et au grand dommage de la population qui travaille, tous les services publics.

Comment enfin, et ce sera notre dernier argument comment la légitimité de nos revendications pourrait-elle être contestée aujourd'hui que, dans un rapport officiel adressé au ministre de la marine, à la suite d'une mission qu'il avait reçue du département, un honorable fonctionnaire, dont le témoignage ne saurait être suspect, M. l'inspecteur Joubert, conclut comme nous, après un examen sérieux et approfondi de la situation financière de la colonie, à l'institution d'un conseil général élu, remettant aux mains des contribuables la disposition des deniers publics? Quelles subtilités pourraient donc encore être opposées à sa création, et n'avions-nous pas raison de dire que la nécessité s'accorde ici avec le droit et l'équité pour commander l'établissement de ce pouvoir nouveau, seul susceptible — avec son complément obligé, la représentation directe au Parlement — de mettre un frein à l'omnipotence des gouverneurs, et d'arrêter le Sénégal dans la voie dangereuse où ses finances sont engagées, en ramenant le budget local aux proportions que limitent les ressources et les véritables besoins du pays?

ALBERT TEISSEIRE.

Janvier 1878.

Bordeaux. — Imp. G. GOUNOUILHOU, rue Guiraude, 11.

ÉTAT COMPARATIF DES BUDGETS DE LA COLONIE DU SÉNÉGAL
pendant les dix dernières années.

	MONTANT de la subvention métropolitaine	MONTANT des budgets.	PRÉLÈVEMENTS sur la caisse de réserve pour équilibrer les budgets	DÉTAIL DE QUELQUES CHÂPITRES DE DÉPENSES									
				INSTRUCTION PUBLIQUE	PRISONS	POLICE	DIRECTION des affaires politiques	PERSONNEL de la direction de l'intérieur	REMISES aux trésoriers et percepteurs	AGENTS financiers	PERSONNEL des ponts et chaussées	PERSONNEL de l'imprimerie	TRAVAUX PUBLICS Entretien des édifices et constructions neuves
	fr.	fr.		fr.	fr.	fr.	fr.	fr.	fr.	fr.	fr.	fr.	fr.
1868	400,000	1 143,500	»	122,075	11,300	28,470	52,820	20,160	(e) 4,800	75,120	37,740	20,250	350,500
1869	400,000	1,176,500	»	119,765	13,200	29,790	52,820	20,160	(c) 4,800	76,770	37,740	20,260	370,000
1870	400,000	1,259,000	»	118 488	14 000	32,408	52,820	56,115	(e) 4,800	83,090	41,500	25,215	375,366
1871	350,000	1,183,900	»	10?,054	13,900	33,209	52,900	62,325	16,400	84,140	44,848	30,935	323,066
1872	60,900	1 108,200	148,010	81,088	16,412	30,883	42,136	52,355	16,900	88,892	44,532	28,533	311,500
1873	supprimée	1,286,800	156,850	82,377	14,512	» (d)	42,196	30,000	14,500	96,452	37,560	28,843	309,700
1874	d°	1,269,700	124,000	82,977	14,652	15,540	41,416	36,000	16,700	97,812	41,220	29,693	266,700
1875	d°	1,336,300	213,200	83,388	14,652	17,360	50,246	36,000	16,700	110,382	46,740	30,623	353,200
1876	d°	1,424,500	229,338	88,005	15,372	35,060	55,006	36,500	19,750	119,540	61,360	31,053	401,900
1877	d°	(a) 1,714,000	360,792	92,313	17,812	(d bis) 41,060	60,606	39,080	(e bis) 36,310	124,742	64, 0	30,968	574,830
Augmentations de 1877 sur 1868...		(a) 694,000	,232 190		58 0,0	65 0/0	15 0/0	95 0/0	90 0/0	65 0/0	70 0/0	50 0/0 (f)	224,500
Diminutions de 1877 sur 1868...			25 0/0 (c)										

(a) Ne figurent pas dans cette somme les dépenses communales autrefois comprises dans le budget général de la colonie, et qui en ont été distraites depuis la création des municipalités de Saint-Louis et Gorée. Ces dépenses, s'élevant à 123,651 fr. pour l'exercice 1877, reportent à 1,837,651 fr. le montant du budget de cette dernière année, soit, comme il est indiqué, une augmentation de 694,000 fr. ou 60 0/0 sur celui de 1868.

(c) Pauvre instruction publique!.... La seule dépense dont l'élévation n'aurait été blâmée par aucun véritable ami de la colonie, la seule précisément atteinte de réduction, alors que toutes les autres progressent dans une si effrayante mesure!

(d) Les dépenses de la police ont été réparties en totalité, pour cet exercice, entre les deux communes de Saint-Louis et Gorée. — Partie de celles des deux exercices suivants a dû également être mise au compte des communes, ainsi qu'il semble résulter des chiffres anormaux portés au budget local. Les documents officiels nous font défaut pour les contrôler. C'est ici le lieu d'observer que ne se procure pas qui veut nos budgets coloniaux, tirés à petit nombre et distribués à quelques privilégiés. La masse des intéressés est obligée de se contenter des indications insérées au *Moniteur du Sénégal*, qui ne fait connaître les dépenses du budget général que par chapitres et *en bloc*, et ne publie même pas les budgets communaux.

(d bis) Non compris 5,721 fr. au budget de Gorée-Dakar, soit une augmentation de 18,311 fr. sur 1868 = 65 0/0.

(e) Pendant ces trois exercices, il n'est question que de remises au « percepteur ». Ce n'est qu'à partir de 1871 que viennent s'ajouter celles allouées aux trésoriers.

(e bis) A augmenter de 10,500 fr., figurant au budget des communes pour remises au trésorier-payeur et au receveur municipal, soit, en réalité, un accroissement de 42,000 fr. sur le même chapitre de 1868.

(f) Le produit effectif de l'imprimerie demeurant à peu près constant.

RELEVÉ COMPARATIF DE LA PRODUCTION DE LA COLONIE DU SÉNÉGAL

pendant les dix dernières années (a)

| | SAINT-LOUIS | | RUFISQUE — Arachides | PETITE CÔTE — Arachides | CAZAMANCE — Arachides | RIO-NUNEZ — Arachides | RIO-PONGO — Arachides | TOTAUX de la production des arachides | | MONTANT des droits de douane inscrits en recettes aux budgets | NOTE |
	Gommes	Arachides									
	k.	k.	k.	k.	k.	k.	k.	k.		fr.	
1868	2,759,797	3,979,759	8,250,430	546,523	4,362,126	4,227,110	2,819,594	24,185,542	1868	453,000	La *gomme,* quoique soumise, comme
1869	3,018,502	4,672,150	7,646,454	1,512,685	3,278,444	2,818,628	2,023,873	21,952,234	1869	495,000	toute denrée, à des variations de prix
1870	3,098,572	4,640,341	6,411,959	1,412,132	3,656,247	4,489,497	1,988,800	22,598,976	1870	580,000	quelquefois considérables, peut être
1871	3,161,906	5,050,106	8,077,188	1,501,698	4,064,449	5,534,012	2,448,816	26,666,271	1871	586,100	estimée d'une manière générale à
1872	2,643,044	6,483,126	5,026,919	1,035,428	3,311,992	4,539,594	2,034,875	22,431,944	1872	585,000	1 fr. 25 c. le kilogramme en France ;
1873	2,797,177	7,883,452	2,844,575	993,932	3,849,117	4,828,128	2,957,170	23,356,374	1873	680,500	c'est un produit riche et peu encom-
1874	2,375,169	10,475,784	9,647,701	1,857,442	6,493,956	5,347,103	3,456,617	37,278,603	1874	697,700	brant.
1875	2,023,095	3,846,319	10,326,403	2,765,621	2,682,014	7,100,355	3,289,629	30,010,341	1875	671,700	L'*arachide,* produit pauvre et de grand
1876	2,482,395	4,843 302	8,111,619	1,978,572	2,575,786	5,216,017	1,259,645	23,984,941	1876	672,700	encombrement, peut être évaluée à
1877 (b)	» (c)	»	»	»	»	»	»	» (d)	1877	735,100 (e)	33 c. le kilogramme.

La production moyenne de la colonie fournit un aliment de fret de 50,000 tonneaux de mer environ.

(*a*) Nous ne nous sommes attachés dans ce relevé qu'aux deux principaux produits fournis par notre colonie — la gomme et les arachides — ceux qui constituent sa véritable richesse.

(*b*) Les chiffres relatifs à l'année 1877 n'ont pas encore été publiés au *Moniteur du Sénégal* à l'heure où nous écrivons.

(*c*) Soit une *diminution de production* de 277,402 kil. de gommes sur l'année 1878.

(*d*) Également une *diminution de production* de 200,601 kil. d'arachides sur l'anée 1868.

(*e*) Non compris 122,000 fr. portés en recettes aux budgets des communes pour « l'octroi de mer » qui n'est autre chose qu'un véritable droit de douane élevant de 5 à 10 0/0, suivant les marchandises frappées, les taxes qu'elles ont déjà acquittées.

C'est donc à.................................F. 857,000
que se montent, en réalité, les recettes de douane pour l'exercice 1877,
au lieu de.................................453,000
en 1868.

Soit une augmentation de.................................F. 404,000
ou 90 0/0 environ, alors que la production générale de la colonie, loin d'avoir augmenté dans une égale proportion, a au contraire légèrement diminué en 1876 sur 1868, revenant à son chiffre normal après deux années d'exceptionnelle abondance d'arachides — d'arachides seulement — car ce sont celles précisément que nous trouvons les plus faibles en gommes.

www.ingramcontent.com/pod-product-compliance
Lightning Source LLC
Chambersburg PA
CBHW061628050726

47595CB00007B/3099